LÍNGUA PORTUGUESA

CADERNO DE ATIVIDADES

William CEREJA
Professor graduado em Português e Linguística e licenciado em Português pela Universidade de São Paulo (USP)
Mestre em Teoria Literária pela Universidade de São Paulo (USP)
Doutor em Linguística Aplicada e Análise do Discurso pela Pontifícia Universidade Católica de São Paulo (PUC-SP)
Professor da rede particular de ensino em São Paulo, capital

Carolina Dias VIANNA
Professora graduada e licenciada em Português pela Universidade Estadual de Campinas (Unicamp-SP)
Mestra em Linguística Aplicada pela Universidade Estadual de Campinas (Unicamp-SP)
Doutora em Linguística Aplicada pela Universidade Estadual de Campinas (Unicamp-SP)
Professora das redes pública e particular de ensino em São Paulo e Minas Gerais

Paula BARACAT De Grande
Graduada e licenciada em Letras pela Universidade Estadual de Campinas (Unicamp-SP)
Mestra em Linguística Aplicada pela Universidade Estadual de Campinas (Unicamp-SP)
Doutora em Linguística Aplicada pela Universidade Estadual de Campinas (Unicamp-SP)
Professora no ensino básico e no ensino superior em São Paulo e no

Presidência: Mario Ghio Júnior
Vice-presidência de educação digital: Camila Montero Vaz Cardoso
Direção editorial: Lidiane Vivaldini Olo
Gerência de conteúdo e design educacional – Soluções completas: Viviane Carpegiani
Edição: Fernanda Vilany, Mônica Rodrigues de Lima e Paula Junqueira
Preparação de texto: Noé Gonçalves Ribeiro
Planejamento e controle de produção: Flávio Matuguma (ger.), Juliana Batista (coord.), Vivian Mendes (analista) e Suelen Ramos (analista)
Revisão: Letícia Pieroni (coord.), Aline Cristina Vieira, Anna Clara Razvickas, Brenda T. M. Morais, Carla Bertinato, Daniela Lima, Danielle Modesto, Diego Carbone, Kátia S. Lopes Godoi, Lilian M. Kumai, Malvina Tomáz, Marília H. Lima, Paula Rubia Baltazar, Paula Teixeira, Raquel A. Taveira, Ricardo Miyake, Shirley Figueiredo Ayres, Tayra Alfonso e Thaise Rodrigues
Arte: Fernanda Costa da Silva (ger.), Catherine Saori Ishihara (coord.), Meyre Diniz e Veronica Yuri Onuki (edição de arte)
Diagramação: Arte4
Iconografia e tratamento de imagem: Roberta Bento (ger.), Claudia Bertolazzi (coord.), Cristina Akisino (pesquisa iconográfica) e Fernanda Crevin (tratamento de imagens)
Licenciamento de conteúdos de terceiros: Roberta Bento (ger.), Jenis Oh (coord.), Liliane Rodrigues e Raísa Maris Reina (analistas de licenciamento), Cristina Akisino
Ilustrações: Adolar, Felipe Câmelo, Ilustra Cartoon, Jean Galvão, Giz de Cera, Petra Eister e Roberto Weigand
Design: Erik Taketa (coord.) e Talita Guedes da Silva (proj. gráfico e capa)

Todos os direitos reservados por Somos Sistemas de Ensino S.A.
Avenida Paulista, 901, 6º andar – Bela Vista
São Paulo – SP – CEP 01310-200
http://www.somoseducacao.com.br

Dados Internacionais de Catalogação na Publicação (CIP)

```
Cereja, William Roberto
   Língua portuguesa : caderno de atividades 1 / William
Roberto Cereja, Carolina Dias Vianna, Paula Baracat De
Grande. — 1. ed. – São Paulo: Atual, 2021.

   ISBN 978-85-5769-243-5 (aluno)
   ISBN 978-85-5769-248-0 (professor)

   1. Língua portuguesa (Ensino fundamental) I. Título II.
Vianna, Carolina Dias III. De Grande, Paula Baracat

21-1095                                      CDD 372.6
```

Angélica Ilacqua – Bibliotecária – CRB-8/7057

2021
1ª edição
1ª impressão
De acordo com a BNCC.

Impressão e acabamento: Bercrom Gráfica e Editora

APRESENTAÇÃO

PREZADO ESTUDANTE:

NESTE CADERNO DE ATIVIDADES, VOCÊ VAI ENCONTRAR UM CONJUNTO DE ATIVIDADES RELACIONADAS À LÍNGUA PORTUGUESA. SÃO EXERCÍCIOS, BRINCADEIRAS E JOGOS DE DIFERENTES TIPOS, TODOS COM A FINALIDADE DE DESENVOLVER OU APROFUNDAR SEUS CONHECIMENTOS SOBRE A LÍNGUA DE MANEIRA DIVERTIDA. POR MEIO DELES, ESPERAMOS QUE VOCÊ APRIMORE SUA CAPACIDADE DE LER E DE ESCREVER PALAVRAS E TEXTOS COM AUTONOMIA.

HÁ ATIVIDADES ELABORADAS COM BASE EM TEXTOS VARIADOS, COMO POEMAS, CANTIGAS, PARLENDAS, QUADRINHAS, CORDEL, FÁBULAS, CONTOS, HISTÓRIAS EM QUADRINHO, PINTURA, FOTOGRAFIA, ANEDOTAS, TEXTOS DE JORNAL, TEXTOS QUE CIRCULAM NA INTERNET E MUITOS OUTROS. E TAMBÉM CRUZADINHAS, ADIVINHAS E MUITOS OUTROS JOGOS.

SE TIVER DIFICULDADE PARA LER OU COMPREENDER ALGUM TEXTO, PEÇA AJUDA AO PROFESSOR. EM CASA, PEÇA AJUDA A UM ADULTO OU A UM IRMÃO OU IRMÃ MAIS VELHOS.

LEIA OS TEXTOS COM CALMA, PROCURANDO COMPREENDER AS IDEIAS FUNDAMENTAIS. SE FOR UMA HISTÓRIA, PRESTE ATENÇÃO NOS PERSONAGENS, NO LUGAR EM QUE OCORREM OS FATOS, NOS DIÁLOGOS, NA TRAMA DA HISTÓRIA... SE FOR UM POEMA, PRESTE ATENÇÃO NO RITMO, NAS RIMAS, NAS IMAGENS E NA SONORIDADE.

CASO TENHA DIFICULDADE PARA SABER OS SENTIDOS OU A GRAFIA DE UMA PALAVRA, CONSULTE SEMPRE UM DICIONÁRIO.

FAÇA AS ATIVIDADES COM CUIDADO E ATENÇÃO. VOCÊ VERÁ QUE, AO LONGO DO ANO, VAI SE SENTIR CADA VEZ MAIS CONFIANTE EM RELAÇÃO ÀS DIVERSAS POSSIBILIDADES DE USO DA LÍNGUA PORTUGUESA.

UM ABRAÇO,
OS AUTORES

SUMÁRIO

UNIDADE 1

CAPÍTULO 1 LINGUAGENS NO DIA A DIA 5
CAPÍTULO 2 O ALFABETO 10
CAPÍTULO 3 A ORDEM ALFABÉTICA 17

UNIDADE 2

CAPÍTULO 1 AS VOGAIS E AS CONSOANTES 24
CAPÍTULO 2 AS LETRAS E OS NÚMEROS 32
CAPÍTULO 3 A SÍLABA 39

UNIDADE 3

CAPÍTULO 1 EMPREGO DE **P**, **B**, **T**, **D**, **F**, **V** 46
CAPÍTULO 2 EMPREGO DE **CH**, **LH**, **NH** 55
CAPÍTULO 3 EMPREGO DE **R** E **RR**, **S** E **SS** 61

UNIDADE 4

CAPÍTULO 1 EMPREGO DE **CA**, **CO**, **CU**, **QUE**, **QUI**, **GA**, **GO**, **GU**, **GE**, **GI**, **GUE**, **GUI** 66
CAPÍTULO 2 LETRAS DE FÔRMA MAIÚSCULAS E MINÚSCULAS 73
CAPÍTULO 3 A LETRA CURSIVA 81

UNIDADE 1

CAPÍTULO 1 – LINGUAGENS NO DIA A DIA

A PINTURA É UMA DAS LINGUAGENS ARTÍSTICAS! OBSERVE A PINTURA *BRINCADEIRA DE CRIANÇA*, DE RICARDO FERRARI:

1) COM A AJUDA DE UM ADULTO, ASSINALE AS BRINCADEIRAS E OS BRINQUEDOS QUE VOCÊ IDENTIFICA NA PINTURA:

- ◯ BOLINHA DE GUDE
- ◯ PIÃO
- ◯ BONECA
- ◯ PIPA
- ◯ AMARELINHA
- ◯ CARRINHO
- ◯ PATINETE
- ◯ CASINHA
- ◯ ESCONDE-ESCONDE
- ◯ ARCO E GANCHETA

2 QUAL DOS BRINQUEDOS OU BRINCADEIRAS DA PINTURA VOCÊ PREFERE? DESENHE:

3 ABAIXO, HÁ TRÊS DETALHES DA PINTURA. IDENTIFIQUE CADA UM E LIGUE-O AO NOME DELE.

- MENINA
- BONECA
- CASA

Fotos: Ricardo Ferrari/Acervo do artista

4 AS CRIANÇAS ESTÃO SE DIVERTINDO. CIRCULE A PALAVRA QUE REPRESENTA O SENTIMENTO EXPRESSO PELA PINTURA.

ALEGRIA   TRISTEZA

(5) NAS PREVISÕES DO TEMPO, O CLIMA É EXPRESSO POR DESENHOS. ASSINALE COMO ESTÁ O CLIMA NA CENA RETRATADA NA PINTURA:

(6) AGORA, ESCREVA O NOME DO DESENHO:

(7) NA PINTURA, HÁ ALGUNS ANIMAIS. ASSOCIE CADA ANIMAL A SEU NOME:

- GALINHA
- CACHORRO

(8) OS GESTOS TAMBÉM SÃO LINGUAGEM. PARA RESPONDER **SIM**, **NÃO** OU **NÃO SEI**, PODEMOS USAR OS GESTOS. ESCREVA O SIGNIFICADO DE CADA UM DELES:

9 CIRCLE A PLACA QUE INDICA:

A) PARE

B) PERIGO

10 COMPLETE A CRUZADINHA COM O SIGNIFICADO DOS SÍMBOLOS.

BIBLIOTECA   HOSPITAL   AEROPORTO   TEATRO

11 OBSERVE OS *EMOTICONS* MAIS USADOS EM APLICATIVOS DE MENSAGENS:

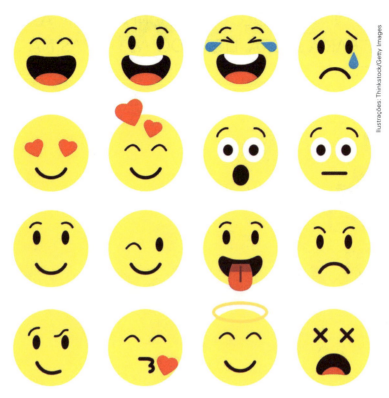

COM A AJUDA DE UM ADULTO, LIGUE OS *EMOTICONS* AO SIGNIFICADO DELES:

- AMOR
- ALEGRIA
- RISO
- BEIJO

CAPÍTULO 2 – O ALFABETO

1. MAURÍCIO FOI AO ZOOLÓGICO COM OS PAIS. AJUDE-OS A ENCONTRAR A ZEBRA, LIGANDO AS LETRAS NA ORDEM ALFABÉTICA.

2 COM A AJUDA DE UM ADULTO, LEIA A LISTA DOS ALUNOS DO 1º ANO E DEPOIS DESCUBRA QUEM SÃO AS CRIANÇAS.

ANA CAROLINA	LAURA
BRUNA	LUCAS
DAVI	MARIANA
FERNANDO	MATEUS
GABRIELA	PAULO
JOÃO PEDRO	RODRIGO
LARISSA	VÍTOR

_ _ _ _ _ _ _ O

L _ _ _ _

_ _ U _ _

L _ _ _ _

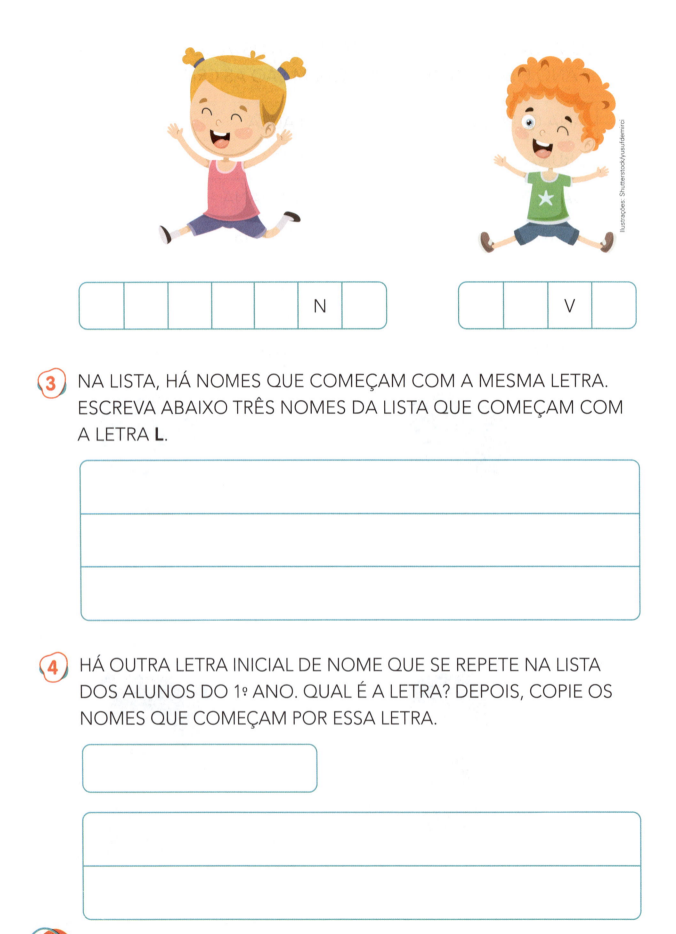

| | | | | | N | |

| | | V |

③ NA LISTA, HÁ NOMES QUE COMEÇAM COM A MESMA LETRA. ESCREVA ABAIXO TRÊS NOMES DA LISTA QUE COMEÇAM COM A LETRA **L**.

④ HÁ OUTRA LETRA INICIAL DE NOME QUE SE REPETE NA LISTA DOS ALUNOS DO 1º ANO. QUAL É A LETRA? DEPOIS, COPIE OS NOMES QUE COMEÇAM POR ESSA LETRA.

5 HÁ DOIS NOMES QUE TERMINAM COM A LETRA **S**. QUAIS SÃO ELES?

6 ESCREVA SEU NOME.

AGORA RESPONDA: HÁ LETRAS EM SEU NOME QUE APARECEM EM NOMES DA LISTA LIDA? PINTE AS LETRAS QUE VOCÊ ENCONTRAR.

7 EXISTEM BRINCADEIRAS QUE SÃO MUITO ANTIGAS, COMO AS ADIVINHAS. COM A AJUDA DE UM ADULTO, ENCONTRE AS RESPOSTAS PARA AS ADIVINHAS.

O QUE É, O QUE É....
QUE EXISTE NO MEIO DA PALAVRA **CÉU**?

O QUE É, O QUE É....
QUE EXISTE NO MEIO DA RUA?

O QUE É, O QUE É....
NA PALAVRA **INÍCIO** TEM TRÊS E NO FIM TEM SÓ UMA?

O QUE É, O QUE É....
TEM NO MEIO DO OVO?

O QUE É, O QUE É....
QUE TODO NARIZ TEM NA PONTA?

O QUE É, O QUE É....
TODO MÊS TEM, MENOS ABRIL?

O QUE É, O QUE É....
FICA NO INÍCIO DA RUA E NO FIM DO MAR?

O QUE É, O QUE É....
ESTÁ NO MEIO DO CORAÇÃO?

LEIA O POEMA SOBRE UM BRINQUEDO BEM ANTIGO:

O PIÃO

O PIÃO
NO CHÃO
NA PONTA DO PÉ
VELOZ
RODOPIA.

O PIÃO
BAILARINO
PRO OLHAR DO
MENINO
É ENCANTO,
É MAGIA.

(Hardy Guedes Alcoforado Filho. *O bailado — Primeiros movimentos*. São Paulo: Scipione, 2007. p. 32.)

8 POR QUE NO POEMA O PIÃO RODOPIA NA PONTA DO PÉ? ASSINALE:

◯ PORQUE O PIÃO GIRA APOIADO EM UMA PONTA DE FERRO, QUE PARECE UM PÉ LEVANTADO.

◯ PORQUE O PIÃO TEM PÉ E GIRA COM O PÉ LEVANTADO, DE PONTA.

9 POR QUE O PIÃO É CHAMADO DE PIÃO BAILARINO? ASSINALE:

◯ PORQUE PARECE DANÇAR COMO UMA BAILARINA.

◯ PORQUE PARECE FAZER ACROBACIAS COMO UM ACROBATA.

10 QUAL É A LETRA QUE INICIA A PALAVRA **PIÃO**? ESCREVA-A:

11 PINTE DE VERMELHO NO POEMA TRÊS PALAVRAS QUE COMEÇAM COM A MESMA LETRA INICIAL DE **PIÃO**.

12 ABAIXO, HÁ OUTROS BRINQUEDOS QUE COMEÇAM COM A LETRA **P**. COMPLETE O NOME DELES:

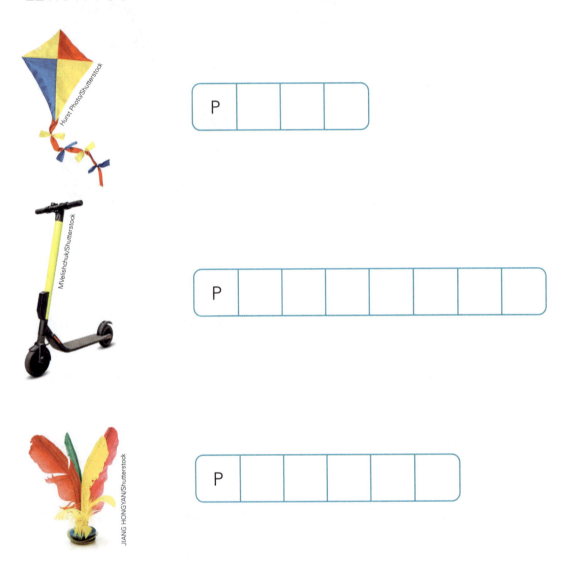

| P | | | |

| P | | | | | | | |

| P | | | | | |

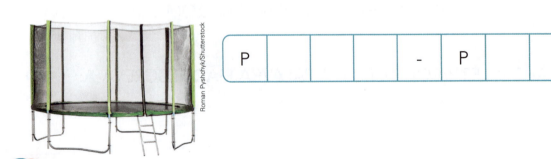

| P | | | | - | P | | | |

CAPÍTULO 3 – A ORDEM ALFABÉTICA

PEÇA A UM ADULTO QUE LEIA COM VOCÊ O POEMA A SEGUIR SOBRE AVES BRASILEIRAS.

ABC DA PASSARADA

ANDORINHA	NOIVINHA
BEM-TE-VI	OITIBÓ
COLEIRINHA	PINTASSILGO
DORMINHOCO	QUIRIRI
EMA	ROLINHA
FALCÃO	SABIÁ
GRAÚNA	TICO-TICO
HARPIA	UIRAPURU
INHAMBU	VIUVINHA
JACUTINGA	XEXÉU
LINDO-AZUL	ZABELÊ
MAINÁ	

(Lalau e Laurabeatriz. *Fora da gaiola e outras poesias*. São Paulo: Companhia das Letrinhas, 1995. p. 28.)

1) PINTE A LETRA INICIAL DO NOME DE CADA AVE.

2) OBSERVE AS LETRAS QUE FORAM PINTADAS. O QUE VOCÊ DESCOBRIU? ASSINALE A RESPOSTA CORRETA.

○ OS NOMES DAS AVES ESTÃO EM ORDEM ALFABÉTICA.

○ OS NOMES DAS AVES RIMAM.

3) POR QUE O POEMA SE CHAMA "ABC DA PASSARADA"?

◯ PORQUE OS PÁSSAROS APRENDERAM O ALFABETO.

◯ PORQUE AS LETRAS INICIAIS DOS NOMES DOS PÁSSAROS, NA ORDEM EM QUE APARECEM, FORMAM O ABECEDÁRIO.

4) COMPLETE CADA PALAVRA COM AS LETRAS QUE ESTÃO FALTANDO. DEPOIS, LIGUE O NOME À FOTO DA AVE.

☐NDOR☐NHA ●

☐EIJA-FLO☐ ●

☐AB☐Á ●

5) QUAL NOME DE AVE TEM LETRA INICIAL DIFERENTE?

◯ ARARA   ◯ ÁGUIA

◯ ALBATROZ   ◯ CORUJA

6) PONHA NA ORDEM CORRETA AS LETRAS DO NOME DESTAS AVES:

CINSE

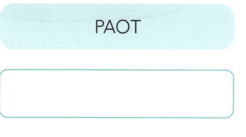

PAOT

BEM-ET-IV

QUER SE DIVERTIR COM PALAVRAS? ENTÃO, ACOMPANHE A LEITURA DESTE POEMA:

SONS

CLAP, CLAP,
FAZ A ÁGUA,
CLOP, CLOP,
O GALOPE,
GLU, GLU, GLU,
FAZ O PERU.

E VOCÊ,
O QUE FAZ
AÍ DEITADO?

BLIN, BLIN, BLÃO,
TOCA O SINO,
FLIN, FLIN, FLIN,
O VIOLINO,
BÃO, BÃO, BÃO,
O VIOLÃO.

E VOCÊ,
O QUE FAZ
AÍ DEITADO?
[...]

(Sérgio Capparelli. *Minha sombra*. 4. ed. Porto Alegre: L&PM, 2001. p. 34.)

7 NO POEMA HÁ O NOME DE UMA AVE. ESCREVA-O.

8 PINTE, NO POEMA, A PALAVRA QUE RIMA COM **VIOLINO**. DEPOIS, ESCREVA-A ABAIXO:

9 QUAL É O NOME DO ANIMAL QUE GALOPA? ESCREVA-O.

10 ASSOCIE OS SONS ÀS FIGURAS:

CLAP, CLAP

GLU, GLU, GLU

BLIN, BLIN, BLÃO

BÃO, BÃO, BÃO

11 COLOQUE EM ORDEM ALFABÉTICA AS SEGUINTES PALAVRAS QUE APARECEM NO POEMA:

ÁGUA   SINO   GALOPE
PERU   VIOLINO   DEITADO

LEIA ESTA CANTIGA, COM A AJUDA DE UM ADULTO:

CABEÇA, OMBRO, JOELHO E PÉ

CABEÇA, OMBRO,
JOELHO E PÉ, JOELHO E PÉ
CABEÇA, OMBRO,
JOELHO E PÉ, JOELHO E PÉ

OLHOS, ORELHAS,
BOCA E NARIZ
CABEÇA, OMBRO,
JOELHO E PÉ, JOELHO E PÉ.

(Da tradição popular.)

12 COMPLETE O NOME DE CADA PARTE DO CORPO COM AS LETRAS QUE FALTAM.

13 AS LETRAS ESTÃO EM ORDEM ALFABÉTICA.

A) ASSOCIE A LETRA COM A PARTE DO CORPO INICIADA POR ESSA LETRA.

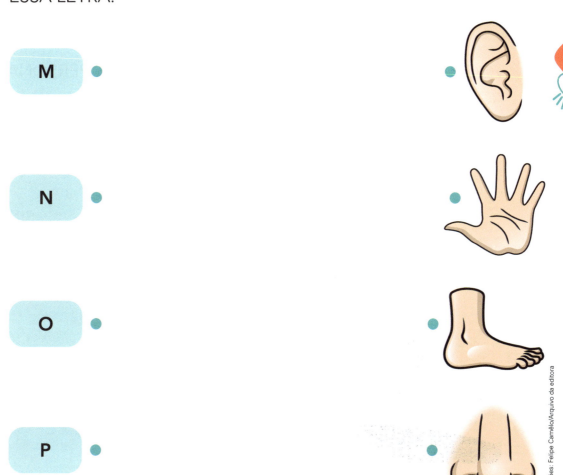

B) AGORA ESCREVA, EM ORDEM ALFABÉTICA, O NOME DAS PARTES DO CORPO:

CAPÍTULO 1 – AS VOGAIS E AS CONSOANTES

1) VOCÊ GOSTA DE FILMES INFANTIS? ASSOCIE OS PERSONAGENS AO NOME DELES COM UM TRAÇO:

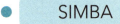 SIMBA

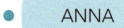 ANNA

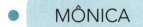 MÔNICA

PATETA

LEIA ESTE POEMA COM A AJUDA DE UM ADULTO:

O _____ É OVAL COMO UM OVO
OU REDONDO COMO UM OLHO,
PEQUENO COMO UMA PULGA
OU GRANDE COMO UM REPOLHO.

(José Paulo Paes e Kiko Farkas. *Uma letra puxa a outra*. São Paulo: Companhia das Letrinhas, 1992. s/p.)

2) O POEMA ESTÁ FALANDO DE UMA LETRA DO ALFABETO.

A) QUE LETRA É ESSA? ESCREVA:

B) ELA É UMA VOGAL OU UMA CONSOANTE? MARQUE.

◯ VOGAL   ◯ CONSOANTE

3) ESCREVA ESSA LETRA:

A) BEM PEQUENA COMO UMA PULGA.

B) BEM GRANDE COMO UM REPOLHO.

4) PINTE A LETRA **O** DESTAS PALAVRAS:

| OVAL | COMO | OVO | REDONDO |
| OLHO | PEQUENO | REPOLHO | |

5 ESCREVA TODAS AS VOGAIS DA NOSSA LÍNGUA:

6 VOLTE AO TEXTO E DESCUBRA QUAL É A ÚNICA VOGAL QUE NÃO FOI EMPREGADA. ESCREVA:

7 PINTE AS CONSOANTES DO QUADRO E DESCUBRA UM BRINQUEDO QUE AS CRIANÇAS ADORAM. DEPOIS, ESCREVA O NOME DESSE BRINQUEDO NO RETÂNGULO ABAIXO.

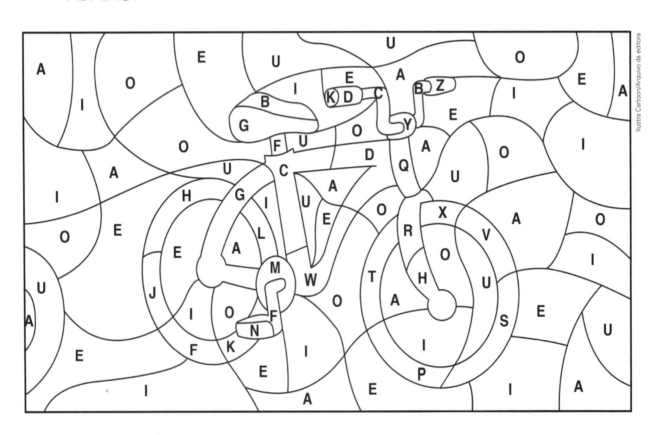

8 AGORA, PINTE AS VOGAIS E DESCUBRA O ANIMAL ESCONDIDO. DEPOIS, ESCREVA O NOME DO ANIMAL NO RETÂNGULO ABAIXO.

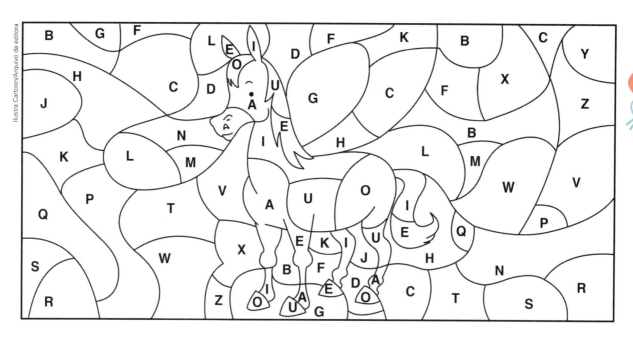

9 MARQUE O NOME DO ANIMAL QUE COMEÇA COM A LETRA INICIAL DO ANIMAL QUE VOCÊ DESCOBRIU NA ATIVIDADE 8:

ELEFANTE

COBRA

PATO

GATO

10) MARQUE O NOME DO ANIMAL QUE TEM A LETRA FINAL IGUAL À LETRA FINAL DE **CAVALO**:

11) COMPLETE COM VOGAIS O NOME DOS BRINQUEDOS:

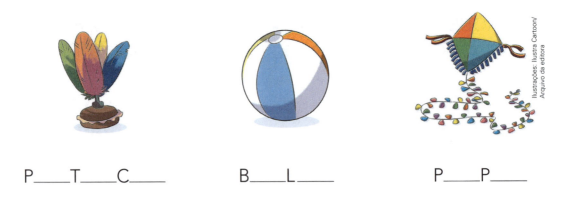

P___T___C___   B___L___   P___P___

12) RISQUE TODAS AS LETRAS **O** E DESCUBRA O NOME DE UMA BRINCADEIRA QUE AS CRIANÇAS ADORAM:

OOOOOESOOOOOOTÁOOOOTUAOOOOOO

ESCREVA O NOME DA BRINCADEIRA:

13 FAÇA UM CÍRCULO NA VOGAL QUE FOI EMPREGADA DUAS VEZES NESSA PALAVRA.

14 COM O AUXÍLIO DE UM ADULTO, LEIA ESTE POEMA:

BESOURO

DENTRO DA TERRA, OURO.
DENTRO DA CASCA, BESOURO.
BESOURO DE OURO, BRILHANTE NO JARDIM,
VOA LIGEIRINHO,
COM MEDO DE MIM.

(Fernanda Sander. *Ideia passarinha. Poesia (In)completa para crianças.* São José dos Campos, SP: Fernanda Sander Canabrava Bincoleto, 2019. p. 119.)

15 COMPLETE ESTAS PALAVRAS DO POEMA COM VOGAIS:

D___NTR___   T___RR___   M___D___

16 LEIA ESTA PALAVRA: CASCA

  A) QUANTAS VOGAIS HÁ NELA? ESCREVA:

  B) FAÇA UM CÍRCULO NAS CONSOANTES.

17 COMPARE ESTAS PALAVRAS:

BESOURO   OURO

FAÇA UM CÍRCULO NAS PARTES IGUAIS DAS DUAS PALAVRAS.

18 LIGUE O NOME DO INSETO À FIGURA:

ABELHA

BARATA

FORMIGA

VAGA-LUME

19 QUAL DESSES NOMES DE INSETO TEM MAIS VOGAIS? ESCREVA-O:

20 ESCREVA O SEU PRIMEIRO NOME E FAÇA UM CÍRCULO NAS VOGAIS:

21 PREENCHA A FICHA DE MATRÍCULA DE UMA ESCOLA DE NATAÇÃO. DEPOIS, COLE UMA FOTO SUA NA FICHA. SE NÃO TIVER A FOTO, PEÇA AJUDA A UM ADULTO PARA TIRAR UMA E IMPRIMIR.

ESCOLA DE NATAÇÃO GOLFINHO
FICHA DE MATRÍCULA

ANO _____

FOTO 3 × 4

DADOS DO ALUNO

1. NOME DO ALUNO:

DATA DE NASCIMENTO: ____/____/____

2. NOME DA MÃE:

3. NOME DO PAI:

4. JÁ FREQUENTOU AULAS DE NATAÇÃO?

○ SIM   ○ NÃO

5. ENDEREÇO DO ALUNO (LOGRADOURO, NÚMERO, BAIRRO, MUNICÍPIO):

6. TELEFONES DE CONTATO E DE EMERGÊNCIA:

CAPÍTULO 2 – AS LETRAS E OS NÚMEROS

LEIA ESTE POEMA COM A AJUDA DE UM ADULTO:

O QUE EU VOU SER QUANDO CRESCER?

POR QUE ME PERGUNTAM TANTO,
O QUE EU VOU SER QUANDO CRESCER?
O QUE ELES PENSAM DE MIM
É O QUE EU QUERIA SABER!

GENTE GRANDE É ENGRAÇADA!
O QUE ELES QUEREM DIZER?
PENSAM QUE EU NÃO *SOU* NADA?
SÓ VOU *SER* QUANDO CRESCER?
[...]

EU VOU SER QUEM EU JÁ SOU
NESTE MOMENTO PRESENTE!
VOU CONTINUAR SENDO EU!
VOU CONTINUAR SENDO GENTE!

(Pedro Bandeira. *Mais respeito, eu sou criança*. 2. ed. São Paulo: Moderna, 2002. p. 20.)

1. JÁ PERGUNTARAM A VOCÊ O QUE VAI SER QUANDO CRESCER? SE SIM, O QUE VOCÊ RESPONDEU? SE VOCÊ DISSE UMA PROFISSÃO, ESCREVA-A:

2 O QUE A CRIANÇA DO POEMA SENTE QUANDO FAZEM ESSA PERGUNTA A ELA?

○ ALEGRIA

○ IRRITAÇÃO

3 COM A PERGUNTA "SÓ VOU SER QUANDO CRESCER?", A CRIANÇA RECLAMA PORQUE:

○ ELA JÁ SE SENTE ALGUÉM.

○ ELA AINDA NÃO SE SENTE UMA PESSOA.

4 VOCÊ ACHA QUE AS PESSOAS QUE FAZEM ESSA PERGUNTA QUEREM:

○ CHATEAR VOCÊ.

○ APENAS SE COMUNICAR OU BRINCAR COM VOCÊ.

5 SE VOCÊ JÁ IMAGINOU A PROFISSÃO QUE GOSTARIA DE TER NO FUTURO, FAÇA EM UMA FOLHA À PARTE UM DESENHO DE VOCÊ MESMO(A) E ESCREVA EMBAIXO DO DESENHO A PROFISSÃO EM QUE PENSOU.

6 ASSOCIE AS FIGURAS ÀS PROFISSÕES:

7 QUAL DOS NOMES DESSAS PROFISSÕES TEM O MAIOR NÚMERO DE LETRAS? ESCREVA-O.

8 E QUAL DELES TEM O MENOR NÚMERO DE LETRAS? ESCREVA-O:

9 QUE TAL FAZER UMA **ÁRVORE GENEALÓGICA** DE SUA FAMÍLIA? PEÇA AJUDA A SEUS PAIS, FAMILIARES OU RESPONSÁVEIS. PRIMEIRO, USE O MODELO A SEGUIR PARA PREPARAR UM RASCUNHO. FAÇA AS ADAPTAÇÕES QUE DESEJAR, CONFORME O TIPO DE FAMÍLIA QUE TEM. DEPOIS, PEGUE UMA FOLHA DE CARTOLINA E MONTE COM CAPRICHO SUA ÁRVORE GENEALÓGICA. COLE UMA FOTO DE CADA PESSOA E, ABAIXO DELA, ESCREVA O NOME E, ACIMA, O GRAU DE PARENTESCO. FAÇA A LIGAÇÃO ENTRE AS PESSOAS COM TRAÇOS.

AVÓ MATERNA	AVÔ MATERNO	AVÓ PATERNA	AVÔ PATERNO

MÃE	PAI

IRMÃO/IRMÃ	VOCÊ	IRMÃO/IRMÃ

10 NOS SINAIS DE TRÂNSITO PODE HAVER LETRAS, NÚMEROS E SÍMBOLOS. ESCREVA O QUE HÁ EM CADA UM DESTES SINAIS:

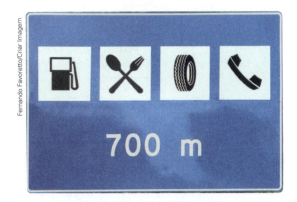

11 COM A AJUDA DE UM ADULTO, LEIA ESTE INGRESSO DE CINEMA:

A) QUAL É O NOME DO FILME? ESCREVA:

B) QUAL É O NÚMERO DA SALA?

C) QUAL É A FILEIRA DO ASSENTO?

D) QUAL É O NÚMERO DO ASSENTO?

LEIA ESTE ANÚNCIO COM O AUXÍLIO DE UM ADULTO:

(Disponível em: http://www.blog.saude.gov.br/index.php/34691-dia-d-marca-inicio-de-campanha-nacional-de-vacinacao-contra-paralisia-infantil-e-sarampo. Acesso em: 15/10/2020.)

12 O ANÚNCIO DIVULGA UMA CAMPANHA DE VACINAÇÃO. A VACINA É CONTRA O QUÊ?

◯ SARAMPO   ◯ VARÍOLA

◯ PARALISIA INFANTIL   ◯ GRIPE

13 O PERÍODO DE VACINAÇÃO É DE:

◯ 8 A 28 DE SETEMBRO

◯ 2 A 28 DE NOVEMBRO

◯ 8 A 28 DE NOVEMBRO

◯ 5 A 25 DE SETEMBRO

CAPÍTULO 3 – A SÍLABA

LEIA A CANTIGA COM A AJUDA DE UM ADULTO:

BORBOLETINHA

TÁ NA COZINHA

FAZENDO CHOCOLATE

PARA A MADRINHA.

POTI, POTI,

PERNA DE PAU

OLHO DE VIDRO

E NARIZ DE PICA-PAU.

(Da tradição popular.)

1 CIRCULE O DOCE QUE A BORBOLETINHA ESTÁ FAZENDO:

2 A BORBOLETINHA ESTÁ NA:

◯ SALA

◯ COZINHA

3 COMPLETE A PALAVRA ABAIXO COM CONSOANTES. O DOCE É PARA A:

___ A ___ ___ I ___ ___ A

4 VOCÊ OBSERVOU AS RIMAS DA CANTIGA?

A) **BORBOLETINHA** RIMA COM:

○ COZINHA   ○ MADRINHA

○ VIDRO

B) **PAU** RIMA COM:

○ OLHO   ○ PICA-PAU

○ NARIZ

5 DIVIDA A PALAVRA **COZINHA** EM SÍLABAS:

☐ ☐ ☐

6 OBSERVE ESTAS PALAVRAS:

| MADRINHA | BORBOLETINHA | PERNA |

PRONUNCIE EM VOZ ALTA CADA UMA DESSAS PALAVRAS FAZENDO UMA PAUSA ENTRE UMA SÍLABA E OUTRA.

A) CIRCULE A PALAVRA QUE TEM O MESMO NÚMERO DE SÍLABAS DE **COZINHA**.

B) SUBLINHE A PALAVRA QUE TEM UM NÚMERO DE SÍLABAS MAIOR DO QUE **COZINHA**.

C) FAÇA UM X SOBRE A PALAVRA QUE TEM UM NÚMERO DE SÍLABAS MENOR DO QUE **COZINHA**.

7 AS PALAVRAS ESTÃO BRINCANDO DE ESCONDE-ESCONDE! DESCUBRA ONDE ELAS ESTÃO E CIRCULE-AS.

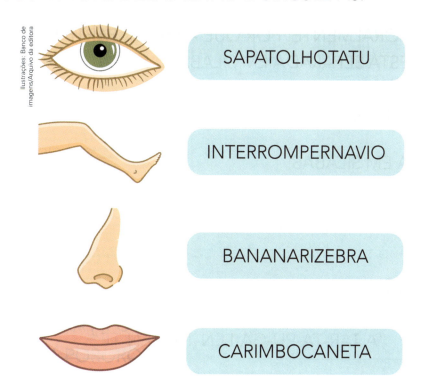

LEIA ESTE POEMA COM A AJUDA DE UM ADULTO:

A TARTARUGA

A-TEN-TA-MEN-TE
CAL-MA-MEN-TE
CUI-DA-DO-SA-MEN-TE
DE-MO-RA-DA-MEN-TE
SOS-SE-GA-DA-MEN-TE
TRAN-QUI-LA-MEN-TE
VA-GA-RO-SA-MEN-TE
A TAR-TA-RU-GA-LEN-TA-MEN-TE
PAS-SO-A-PAS-SO-MEN-TE
VEM VINDO DE-LÁ-PRA-CÁ
SI-LEN-CI-O-SA-MEN-TE
[...]

(Carlos Rodrigues Brandão. *Abecedário dos bichos que existem e não existem*. Campinas, SP: Autores Associados, 2008. p. 97.)

8 O POEMA DESCREVE UM BICHO. QUAL É?

9 RESPONDA ORALMENTE: POR QUE A MAIOR PARTE DAS PALAVRAS ESTÁ SEPARADA EM SÍLABAS?

10 A PALAVRA **VINDO** NÃO FOI DIVIDIDA EM SÍLABAS.

A) DIVIDA-A EM SÍLABAS:

B) QUANTAS SÍLABAS ELA TEM?

11 NESTE VERSO:

"A TAR-TA-RU-GA-LEN-TA-MEN-TE"

REESCREVA AS PALAVRAS SEM OS HIFENS.

12 NO QUADRO A SEGUIR, HÁ O NOME DE DOIS ANIMAIS. JUNTE AS SÍLABAS E TENTE DESCOBRIR QUAIS SÃO ELES. DEPOIS, ESCREVA-OS.

(flor)	FA	GI
RÃO	(peixe)	BA
RA	TU	(pássaro)

13 NESTA BANCA, DOIS NOMES DE FRUTA ESTÃO ERRADOS. CORRIJA-OS:

LEIA ESTE POEMA COM A AJUDA DE UM ADULTO:

O TREM DOS RATINHOS

O TREM DOS RATINHOS
SAI BEM DE MANHÃ.

EM FIOS
DE LINHA
CAMINHOS
DE LÃ.

ESPIGAS
DE MILHO
E BALANGANDÃS.

E ENTRAM
NA ESCOLA
SABOR HORTELÃ.

PIUIIIIIIIIII!
PIUIIIIIIIIII!

(Sérgio Capparelli. *111 poemas para crianças*. Porto Alegre: L&PM, 2003. p. 41.)

14 ESCREVA A PALAVRA DO POEMA QUE RIMA COM **RATINHOS**:

15 ESCREVA AS PALAVRAS DO POEMA QUE RIMAM COM **MANHÃ**. DEPOIS, AO LADO DE CADA PALAVRA, ESCREVA O NÚMERO DE SÍLABAS QUE ELA TEM.

	SÍLABA(S)
	SÍLABA(S)
	SÍLABA(S)

16 DAS PALAVRAS QUE VOCÊ ESCREVEU, QUAL TEM O MENOR NÚMERO DE SÍLABAS?

17 OBSERVE A PALAVRA **RATO**.

A) QUANTAS LETRAS ELA TEM?

B) QUANTAS SÍLABAS ELA TEM?

C) QUE NOVA PALAVRA VOCÊ PODE FORMAR TROCANDO A ORDEM DAS SÍLABAS DESSA PALAVRA?

44

18 TROQUE APENAS UMA LETRA DA PALAVRA **RATO** E DESCUBRA QUEM É O PRINCIPAL INIMIGO DELE. ESCREVA:

[　　　　　　　　]

19 FORME NOVAS PALAVRAS, TROCANDO A SÍLABA INICIAL **RA**, DA PALAVRA **RATO**, POR OUTRAS SÍLABAS DO PAINEL:

| GA | FA | JA |
| MA | CA | NA |

RA	+	TO	=	RATO
	+	TO	=	
	+	TO	=	
	+	TO	=	
	+	TO	=	
	+	TO	=	
	+	TO	=	

UNIDADE 3

CAPÍTULO 1 – EMPREGO DE P, B, T, D, F, V

VEJA ESTA IMAGEM:

Vector Tradition/Shutterstock

1. QUAIS ARTISTAS DE CIRCO ELA RETRATA?

○ MÁGICO   ○ TRAPEZISTA

○ PALHAÇO   ○ MALABARISTA

2 ESCREVA O NOME DO ANIMAL QUE APARECE NA IMAGEM:

3 QUAL DOS DETALHES A SEGUIR NÃO FAZ PARTE DESSA IMAGEM? CIRCULE.

VOCÊ CONHECE MUITAS FRUTAS? LEIA ESTES VERSOS COM O AUXÍLIO DE UM ADULTO:

SALADA DE FRUTA

ACEROLA, ABACAXI,
ABRICÓ, ABIU, AMORA,
BREJAÚVA, BACURI.

CARAMBOLA, CAJÁ-MANGA,
CAMBUCÁ, CAJU, CAQUI.

DAMASCO, FRUTA-DO-CONDE,
FRAMBOESA... FRUTA-PÃO...

GOIABA, GINJA, GROSELHA,
GRUMIXAMA, GUABIROBA,
INGÁ, JAMBO, JENIPAPO,
JUJUBA, JABUTICABA,
LIMÃO, LARANJA E LITCHI.
[...]

(Ciça. *Travatrovas*. Rio de Janeiro: Nova Fronteira, 1993.)

4) OBSERVE O NOME DESTAS FRUTAS:

| JABUTICABA | CAJU | NOZ | AMORA | INGÁ |
| TAPEREBÁ | CAQUI | LIMÃO | JUJUBA | GINJA |

A) CIRCULE O NOME DAS FRUTAS QUE VOCÊ NÃO CONHECE.

B) QUAIS DESSAS FRUTAS TÊM A MESMA SÍLABA INICIAL? ESCREVA:

C) QUAL DESSAS FRUTAS TEM O NOME COM O MAIOR NÚMERO DE LETRAS E SÍLABAS? ESCREVA:

D) QUAL TEM O MENOR NÚMERO DE LETRAS E SÍLABAS? ESCREVA:

5 ESCREVA OU COMPLETE O NOME DE CADA FRUTA:

ME ☐ AN ☐ IA   ABA ☐ XI

PÊSSE ☐

☐ RANGO   CARAM ☐ LA

A) QUAIS DESSAS FRUTAS TÊM O NOME COM A MESMA SÍLABA INICIAL? ESCREVA:

B) QUAL DESSAS FRUTAS TEM O NOME COM O MAIOR NÚMERO DE LETRAS? ESCREVA:

C) QUAL DESSAS FRUTAS TEM O NOME COM O MENOR NÚMERO DE LETRAS? ESCREVA:

6) OBSERVE QUE AS FRUTAS ESTÃO EM ORDEM ALFABÉTICA NO POEMA QUE VOCÊ LEU.

A) COM A AJUDA DE UM ADULTO, ESCREVA UM NOME DE FRUTA QUE COMECE COM CADA UMA DAS LETRAS INDICADAS A SEGUIR.

U _____

M _____

S _____

P _____

B) COLOQUE OS NOMES DAS FRUTAS QUE VOCÊ ESCREVEU EM ORDEM ALFABÉTICA E FAÇA O DESENHO DE UMA DELAS:

7 LEIA O TRAVA-LÍNGUA:

SE O PAPA PAPASSE PAPA,
SE O PAPA PAPASSE PÃO,
O PAPA TUDO PAPAVA,
SERIA O PAPA PAPÃO.

(Da tradição popular.)

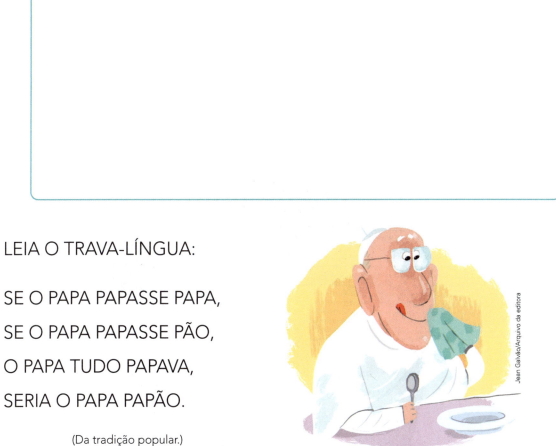

A) QUAL É A CONSOANTE QUE APARECE MAIS VEZES NO TRAVA-LÍNGUA?

B) NAS PALAVRAS A SEGUIR, TROQUE O **P** POR **B** E DESCUBRA OUTRAS PALAVRAS.

PAPÃO ☐ A ☐ ÃO

POTE ☐ OTE

PICADA ☐ ICADA

PULE ☐ ULE

POMBA ☐ OMBA

POMPOM ☐ OM ☐ OM

OBSERVE ESTA IMAGEM.

8 ELA RETRATA UMA APRESENTAÇÃO DE CIRCO. ESCREVA:

A) QUAIS ARTISTAS SE APRESENTAM? _____

B) O QUE ESTÁ PENDURADO NO TETO, ENFEITANDO O CIRCO?
_____

C) QUAL É O NOME DO INSTRUMENTO MUSICAL USADO NA APRESENTAÇÃO? _____

9 QUAL BARULHO ESSE INSTRUMENTO MUSICAL FAZ?
A) CIRCULE.

| TIC TAC TIC TAC | TUM TUM TUM | COF COF |

B) ESCREVA NO ESPAÇO EM BRANCO NA IMAGEM O BARULHO FEITO PELO INSTRUMENTO MUSICAL.

10 DESEMBARALHE AS LETRAS PARA FORMAR AS PALAVRAS. ESCREVA.

LABA

NIPOPE

MOTETA

DEVNA

CADERNO DE ATIVIDADES

53

11 LIGUE AS FOTOS ÀS LEGENDAS CORRESPONDENTES COM O AUXÍLIO DE UM ADULTO:

AS TENDAS DO CIRCO ESTÃO MONTADAS ESPERANDO O PÚBLICO.

BRINQUEDOS FEITOS COM MATERIAL RECICLÁVEL.

CRIANÇAS E VOLUNTÁRIOS SEPARAM ROUPAS E BRINQUEDOS PARA DOAÇÃO.

CAPÍTULO 2 – EMPREGO DE CH, LH, NH

LEIA OS DOIS TRAVA-LÍNGUAS COM A AJUDA DE UM ADULTO.

- COZINHEIRO COCHICHOU QUE HAVIA COZIDO CHUCHU CHOCHO NUM TACHO SUJO

- CHEGADECHEIRODECERASUJA

1) QUEM ESCREVEU O SEGUNDO TRAVA-LÍNGUA SE ESQUECEU DE SEPARAR AS PALAVRAS. REESCREVA-O CORRETAMENTE.

2) AGORA TENTE LER E FALAR BEM DEPRESSA OS TRAVA-LÍNGUAS.

3) OBSERVE AS PALAVRAS:

> COZINHEIRO   COCHICHOU
> CHUCHU   CHEGA   CHEIRO
> TACHO   CHOCHO

A) ESCREVA A ÚNICA PALAVRA EM QUE FORAM EMPREGADAS AS LETRAS **NH**.

B) LEIA ESTAS PALAVRAS:

CHEGA CHOCHO TACHO

QUE PALAVRAS VOCÊ FORMA, SE ELIMINAR A LETRA **H** DELAS? ESCREVA:

4 LIGUE AS SÍLABAS DA ESQUERDA COM A SÍLABA **LHA** PARA FORMAR O NOME DAS FIGURAS. ATENÇÃO: AS SÍLABAS ESTÃO EMBARALHADAS!

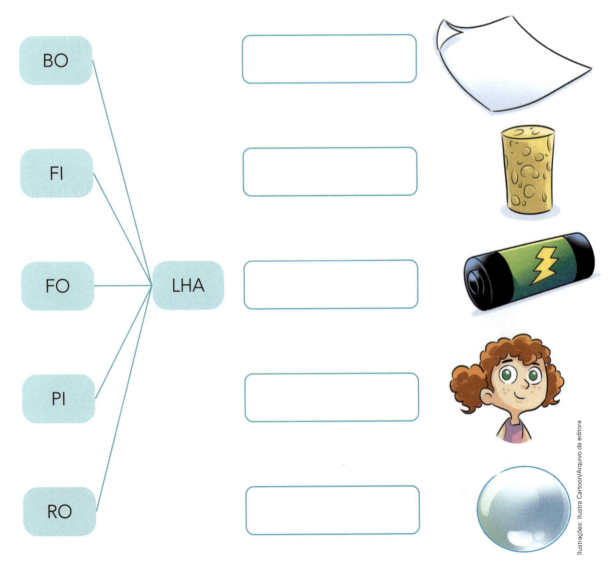

BO
FI
FO — LHA
PI
RO

5 VEJA O TRABALHO QUE BOCÃO E A IRMÃ DELE PREPARARAM PARA A EXPOSIÇÃO DE ARTE DA ESCOLA:

6 COMPLETE AS LACUNAS COM **CH**, **LH** OU **NH**.

7 O TRABALHO DELES É UMA:

○ FOTOGRAFIA   ○ ESCULTURA   ○ PINTURA

LEIA ESTE POEMA COM O AUXÍLIO DE UM ADULTO:

CRAYONS

DENTRO DA MOCHILA,
DENTRO DO ESTOJO,
CANETINHAS, LÁPIS, CRAYONS.
TAMBÉM A BORRACHA, OS CLIPS E A RÉGUA,
E O SENHOR APONTADOR.

DORMEM, TÃO QUIETOS,
SONHAM, SONHAM TANTO,
COM UMA FOLHA LIMPA
PRA PINTAR EM TODO CANTO.
[...]

(Fernanda Sander. *Ideia passarinha*. São José dos Campos, SP: Fernanda Sander Canabrava Bincoleto, 2019. p. 31.)

8 PINTE AS PALAVRAS DO POEMA QUE TÊM UMA DESTAS SEQUÊNCIAS: **CH**, **LH**, **NH**.

9 DESCUBRA QUAL DAS PALAVRAS QUE VOCÊ PINTOU FORMA OUTRAS PALAVRAS TROCANDO SUA LETRA INICIAL PELAS LETRAS **R**, **M**, **B**. ESCREVA.

10 ESCREVA AS PALAVRAS FORMADAS:

11 FAÇA O QUE SE PEDE:

A) O QUE É, O QUE É? QUE, QUANTO MAIS ENXUGA, MAIS MOLHADA FICA? RESOLVA A ADIVINHA:

[   ]

B) CIRCULE AS LETRAS QUE APARECEM NA SUA RESPOSTA.

CH   LH   NH

12 QUAL DOS TEXTOS A SEGUIR DÁ INSTRUÇÃO SOBRE COMO FAZER UM TRUQUE DE MÁGICA? MARQUE COM UM X:

○   LABIRINTO

O MÁGICO PERDEU SUA VARINHA MÁGICA NO CAMARIM ENQUANTO PREPARAVA SEUS TRUQUES! AJUDE-O A ENCONTRÁ-LA, AFINAL O SHOW DEVE CONTINUAR!

(Disponível em: https://www.smartkids.com.br/atividade/magica-labirinto. Acesso em: 17/11/2020.)

Reprodução/Smartkids

O LENÇO APARECIDO

MOSTRE PARA A PLATEIA QUE VOCÊ NÃO TEM NADA NAS MÃOS NEM NAS MANGAS. ESFREGUE AS MÃOS E DIGA AS PALAVRAS MÁGICAS: "EI, PRONTO"! E, DE REPENTE, SURGE UM LENÇO!

MATERIAL:
— JAQUETA OU CAMISA COM MANGAS LONGAS
— LENÇO FINO

PREPARAÇÃO:

1) DOBRE O LENÇO NO MENOR TAMANHO POSSÍVEL.

2) EMPURRE AS MANGAS DA CAMISA SUTILMENTE — E SÓ UM POUQUINHO — PARA QUE APAREÇAM DOBRAS NO COTOVELO. ESCONDA ENTÃO UM LENÇO BEM DOBRADO NUMA DESSAS DOBRAS.

HORA DO SHOW:

1) ABRA SUAS MÃOS PARA MOSTRAR QUE NÃO EXISTE NADA.

2) ENROLE AS MANGAS DA CAMISA PARA MOSTRAR QUE NÃO EXISTE NADA TAMBÉM. QUANDO ENROLAR A MANGA QUE ESTÁ ESCONDENDO O LENÇO, USE SUA **PRESTIDIGITAÇÃO** E PEGUE O LENÇO RAPIDAMENTE COM SEU POLEGAR.

3) AINDA COM O LENÇO ESCONDIDO NA PALMA DA MÃO, ESFREGUE AS MÃOS PARA ABRIR O LENÇO. ENTÃO, NUM PASSE DE MÁGICA, FAÇA O LENÇO APARECER DO NADA!

(Disponível em: https://www.smartkids.com.br/atividade/magica-lenco. Acesso em: 17/11/2020.)

PRESTIDIGITAÇÃO: TÉCNICA DE ILUDIR O ESPECTADOR COM RAPIDEZ E AGILIDADE DAS MÃOS.

CAPÍTULO 3 – EMPREGO DE R E RR, S E SS

COM O AUXÍLIO DE UM ADULTO, LEIA ESTA ADIVINHA DE FESTA JUNINA:

ME RECORTAM NO PAPEL

ME ESTENDEM NO VARAL

EU ENFEITO TODA A FESTA

PARA ALEGRAR O ARRAIAL.

(Fernanda Sander. *Ideia passarinha. Adivinhas de festa junina*. São José dos Campos, SP: Fernanda Sander Canabrava Bincoleto, 2019. p. 133.)

1 DESCUBRA A RESPOSTA:

2 CIRCULE NA ADIVINHA AS PALAVRAS QUE TÊM **R**.

ESCREVA NO QUADRO ABAIXO, NAS COLUNAS CERTAS, AS PALAVRAS QUE VOCÊ CIRCULOU.

R NO INÍCIO DA PALAVRA	**RR**	**R** NO MEIO DA PALAVRA

3 HÁ UMA RIMA NESSA ADIVINHA.

A) QUAIS SÃO AS PALAVRAS QUE RIMAM?

B) QUAIS DAS PALAVRAS A SEGUIR RIMAM COM **PAPEL**? CIRCULE:

ANEL   PARDAL   CHAPÉU

C) QUAIS DAS PALAVRAS A SEGUIR RIMAM COM **FESTA**? CIRCULE:

FELIZ   TESTA   FLORESTA

4 COM O AUXÍLIO DE UM ADULTO, LEIA ESTAS TROVINHAS:

VOCÊ ME CHAMOU DE FEIO;
SOU FEIO, MAS SOU DENGOSO.
TAMBÉM O TEMPERO VERDE
É FEIO, MAS É GOSTOSO.

(Da tradição popular.)

NÃO SEI COMO O PEIXE PASSA
NA LAGOA D'ÁGUA FRIA.
COMO QUE EU POSSO PASSAR
SEM TE VER TODOS OS DIAS?

(Da tradição popular.)

A) FAÇA UM CÍRCULO EM TODAS AS PALAVRAS QUE TÊM A LETRA **S** OU AS LETRAS **SS**.

B) ESCREVA NO QUADRO AS PALAVRAS DAS TROVINHAS QUE APRESENTAM:

S NO INÍCIO DA PALAVRA	**SS**	**S** NO MEIO DA PALAVRA

5 COM O AUXÍLIO DO PROFESSOR OU DE OUTRO ADULTO, LEIA A CANTIGA A SEGUIR E COMPLETE AS PALAVRAS COM **D** OU **T**.

PAI FRANCISCO

PAI FRANCISCO EN____ROU NA RO____A

TOCAN____O SEU VIOLÃO

PARARÃO, ____ÃO, ____ÃO

E VEM DE LÁ SEU ____ELEGA____O

E PAI FRANCISCO FOI PRA PRISÃO

COMO ELE VEM ____O____O

REQUEBRA____O

PARECE UM BONECO DESENGONÇA____O

(Da tradição popular.)

6 OBSERVE A DIVISÃO DA PALAVRA **PRISÃO** EM SÍLABAS:

PRI – SÃO

A) QUAL DESSAS SÍLABAS APRESENTA UMA SEQUÊNCIA DE CONSOANTE + CONSOANTE + VOGAL?

B) ESCREVA OUTRA PALAVRA DA CANTIGA QUE TAMBÉM APRESENTA SÍLABA COM A SEQUÊNCIA DE DUAS CONSOANTES E UMA VOGAL.

LEIA ESTE POEMA VISUAL:

jacaré letrado

(Sérgio Capparelli. *111 poemas para crianças*. Porto Alegre: L&PM, 2014. p. 116.)

7 POR QUE O POEMA SE CHAMA "JACARÉ LETRADO"? MARQUE COM UM X.

◯ PORQUE O JACARÉ ESTÁ INDO PARA A ESCOLA.

◯ PORQUE O CORPO DO JACARÉ É DESENHADO COM LETRAS.

8 OBSERVE O SOM DO **R** NAS PALAVRAS **JACARÉ** E **LETRADO**. ELE É FORTE OU FRACO?

☐

9 A PALAVRA **JACARÉ** PODE SER DIVIDIDA EM DUAS. CIRCULE A DUPLA QUE FORMA DUAS NOVAS PALAVRAS DIVIDINDO A PALAVRA **JACARÉ**:

| JA CARÉ | JACA RÉ | JAC ARÉ |

O SOM DO **R** NA NOVA PALAVRA É FORTE OU FRACO?

☐

10 CIRCULE A DUPLA DE PALAVRAS QUE RIMAM COM **JACARÉ**:

JACA – VACA   CHAMINÉ – PICOLÉ   CARETA – VARETA

11 CIRCULE A DUPLA DE PALAVRAS QUE RIMAM COM **LETRADO**:

LETRA – LEBRE   JACARÉ – CROCODILO   IRADO – COMPRADO

12 COM A AJUDA DE UM ADULTO, LEIA O TRECHO INICIAL DE UMA CONHECIDA CANTIGA, COMPLETANDO OS ESPAÇOS COM AS LETRAS **S**, **SS**, **R**, **RR**:

EU ____OU POBRE, POBRE, POBRE

DE MA_____É, MA_____É, MA_____É

EU ____OU POBRE, POBRE, POBRE

DE MA_____É DE ____I

EU ____OU ____ICA, ____ICA, ____ICA,

DE MA_____É, MA_____É, MA_____É

EU ____OU ____ICA, ____ICA, ____ICA,

DE MA_____É DE ____I

EU QUE____IA UMA DE VO_____AS FILHAS

DE MA_____É, MA_____É, MA_____É

EU QUE____IA UMA DE VO_____AS FILHAS

DE MA_____É DE ____I

(Da tradição popular.)

UNIDADE 4

CAPÍTULO 1 – EMPREGO DE CA, CO, CU, QUE, QUI, GA, GO, GU, GE, GI, GUE, GUI

1 OBSERVE AS IMAGENS A SEGUIR E DESCUBRA QUAL É O CONTO MARAVILHOSO. DEPOIS, ESCREVA O TÍTULO DO CONTO.

2 ASSOCIE CADA PERSONAGEM AO NOME DELE:

GEPETO

GRILO FALANTE

BALEIA

PINÓQUIO

LEIA O POEMA COM O AUXÍLIO DE UM ADULTO:

MINHA FESTA

NÃO EXISTE RUGIDO IGUAL,
NÃO EXISTE OLHAR IGUAL,
NÃO EXISTE SALTO IGUAL.

NO AZUL DA NOITE,
NO VERDE DA FLORESTA,
EM QUALQUER CANTO DO CIRCO

O TIGRE É MINHA FESTA.

(Cyro de Mattos. *O circo do cacareco*. São Paulo: Atual, 1998.)

3 ESCREVA O NOME DO ANIMAL QUE APARECE NO POEMA:

4 CIRCULE A PALAVRA QUE RIMA COM **FLORESTA**:

IGUAL   CIRCO   FESTA

5 OBSERVE A PALAVRA **CANTO** E FORME NOVAS PALAVRAS.

A) TROCANDO A VOGAL **A** PELA VOGAL **I**:

B) TROCANDO A VOGAL **A** PELA VOGAL **O**:

VOCÊ JÁ FOI A UMA QUERMESSE, DURANTE AS FESTAS JUNINAS? LEIA O POEMA A SEGUIR, COM A AJUDA DE UM ADULTO.

COELHINHO DE QUERMESSE,

VOCÊ É QUE É FELIZ.

COM TANTAS CASINHAS PRA MORAR,

NÃO SABE EM QUAL METE O NARIZ.

BEM QUE PODIA ME EMPRESTAR

SÓ UMA DELAS, POBRE DE MIM,

QUE PERDI MINHA MORADA:

MINHA CAIXA, MINHA CASCA.

DESCAMISADO AMENDOIM.

(Henrique Félix. *Quermesse*. Belo Horizonte: Formato, 2001. p. 19.)

6 QUEM ESCREVE PARA O COELHINHO?

7 O DESCAMISADO AMENDOIM QUER EMPRESTADA UMA:

○ CASCA   ○ CAIXA   ○ CASA

8 ESCREVA PALAVRAS DO POEMA QUE COMEÇAM COM AS LETRAS: **CA**, **CO**, **CU**, **QUE**, **QUI**.

AGORA LEIA ESTE OUTRO POEMA COM A AJUDA DE UM ADULTO:

O MORCEGO

O MORCEGO É MUITO ESPERTO.
SANGUE, NEM QUER POR PERTO.
ENTRA ANO, SAI ANO,
CONTINUA VEGETARIANO.

(Aristides Torres Filho. *Bichos diversos*. São Paulo: Scipione, 2004. p. 21.)

9 SE NÃO SOUBER, PERGUNTE PARA ALGUÉM: VEGETARIANO É AQUELE QUE:

◯ COME CARNE   ◯ NÃO COME CARNE

10 ESCREVA TODAS AS PALAVRAS DO POEMA EM QUE HÁ AS SÍLABAS **GA**, **GE**, **GI**, **GO**, **GU**, **GUE**, **GUI**.

11 COMPARE:

SANGUE   VEGETARIANO

A) ESCREVA A PALAVRA EM QUE A LETRA **G** TEM O SOM DO **G** DE **GALINHA**.

B) ESCREVA A PALAVRA EM QUE A LETRA **G** TEM O SOM DO **G** DE **GELEIA**.

⑫ ORDENE AS SÍLABAS E DESCUBRA AS PALAVRAS. DEPOIS FAÇA AS ILUSTRAÇÕES QUE FALTAM.

A)

RA – LA – DEI – GE

B)

GI – MÁ – CO

C)

CO – CA – MA

D)

TE – GAN – GI

Giz de Cera/Arquivo da editora

E)

ES – LIN – TI – GUE

F)

GUE – CA – JO – RAN

G)

EN – A – GUI

Giz de Cera/Arquivo da editora

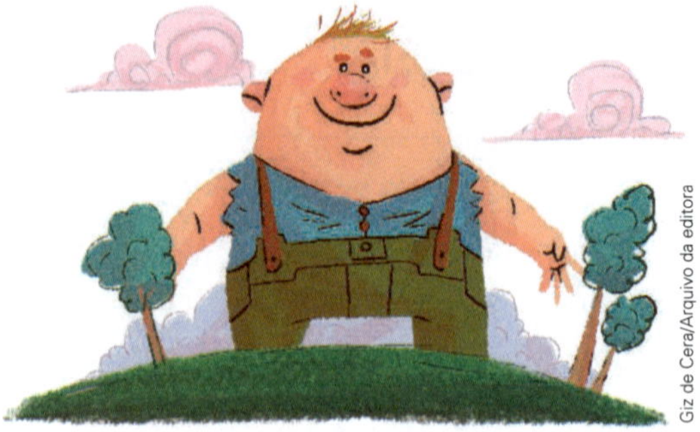

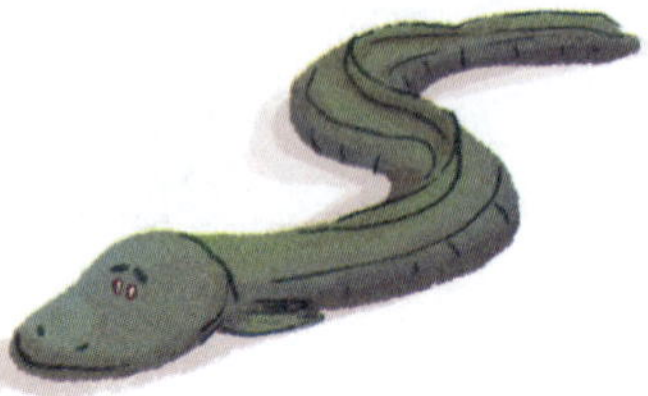

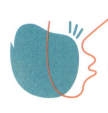

CAPÍTULO 2 – LETRAS DE FÔRMA MAIÚSCULAS E MINÚSCULAS

1) VEJA COMO COMEÇA A HISTÓRIA DO MENINO MALUQUINHO:

A) CIRCULE A PALAVRA **BARRIGA**.

Era uma vez um menino maluquinho.

Ele tinha o olho maior que a barriga.

(Ziraldo. *O Menino Maluquinho*. São Paulo: Melhoramentos, 1995. p. 7-8.)

B) GRIFE A PALAVRA **MENINO**.

C) FAÇA UM X SOBRE A PALAVRA **OLHO**.

D) CIRCULE A LETRA MAIÚSCULA QUE APARECE DUAS VEZES.

2) LEIA A CAPA DO LIVRO ABAIXO E DESCUBRA AS DUAS COISAS DA NATUREZA BRASILEIRA QUE DÃO NOME AO LIVRO.

AGORA, ASSOCIE AS FIGURAS AOS NOMES:

3. NAS COLUNAS ABAIXO, O NOME DA AUTORA DO LIVRO ESTÁ ESCRITO DE DUAS FORMAS: SÓ COM LETRAS MAIÚSCULAS E COM LETRAS MAIÚSCULAS E MINÚSCULAS. LIGUE AS DUAS FORMAS.

Ana Maria Machado

ANA MARIA MACHADO

Ama Naria Nachado

Ana Nacia Mabhado

4 OBSERVE A RESPOSTA DA QUESTÃO ANTERIOR E CONCLUA: A LETRA INICIAL DE NOMES DE PESSOAS É MAIÚSCULA OU MINÚSCULA? ESCREVA:

[   ]

5 LEIA A ANEDOTA A SEGUIR, COM A AJUDA DE UM ADULTO. DEPOIS, COMPLETE O TEXTO ESCREVENDO COM LETRAS MAIÚSCULAS AS PALAVRAS INDICADAS ENTRE PARÊNTESES.

O _____ DA _____ TOCA ☐
   (telefone)   (padaria)

O PADEIRO ATENDE E OUVE:

— ALÔ ☐ O _____ JÁ SAIU ☐
         (pãozinho)

— SIM, _____ DE SAIR ☐
    (acabou)

— E A QUE HORAS ELE _____ ☐
             (volta)

(Da tradição popular.)

6 AGORA, COLOQUE A PONTUAÇÃO NA ANEDOTA. ESCOLHA ENTRE OS TRÊS PONTOS:

- PONTO (**.**): MARCA O FIM DA FRASE.
- PONTO DE INTERROGAÇÃO (**?**): INDICA QUE A FRASE É UMA PERGUNTA.
- PONTO DE EXCLAMAÇÃO (**!**): INDICA ÊNFASE, DESTAQUE, ÂNIMO.

7 LIGUE AS PALAVRAS IGUAIS, MAS ESCRITAS EM LETRAS DE TIPOS DIFERENTES.

TELEFONE	horas
TOCA	saiu
PADEIRO	alô!
ALÔ!	telefone
SAIU	ele
HORAS	padeiro
ELE	toca

ALGUNS TEXTOS, COMO O FOLHETO AO LADO, APRESENTAM LETRAS MAIÚSCULAS E MINÚSCULAS MISTURADAS. LEIA O TÍTULO DO FOLHETO.

8 QUE LETRAS MAIÚSCULAS FORAM EMPREGADAS NO TÍTULO DO FOLHETO? ESCREVA:

(Mapa turístico. Governo de Minas Gerais.)

9 COMO FICARIA O TÍTULO DO FOLHETO EM LETRAS MAIÚSCULAS?

> Venha viver Minas Gerais

>

10 USANDO LETRAS MAIÚSCULAS E MINÚSCULAS, A GRAFIA NORMAL DA FRASE QUE FORMA O TÍTULO DO FOLHETO SERIA:

> Venha viver Minas Gerais.

A) POR QUE A LETRA **V** DE **VENHA** DEVE SER MAIÚSCULA? ASSINALE:

◯ PORQUE ESTÁ NO INÍCIO DA FRASE.

◯ PORQUE É O NOME DE UM LUGAR.

◯ PORQUE É O NOME DE UMA PESSOA.

B) POR QUE AS LETRAS INICIAIS DE **MINAS GERAIS** TAMBÉM DEVEM SER MAIÚSCULAS? ASSINALE:

◯ PORQUE ESTÁ NO INÍCIO DA FRASE.

◯ PORQUE É O NOME DE UM LUGAR.

◯ PORQUE É O NOME DE UMA PESSOA.

A CANTIGA A SEGUIR É UMA DAS MAIS CONHECIDAS DO FOLCLORE BRASILEIRO. LEIA-A COM A AJUDA DE UM ADULTO E CANTE-A.

CACHORRINHO

CACHORRINHO ESTÁ LATINDO
LÁ NO FUNDO DO QUINTAL
CALA A BOCA, CACHORRINHO
DEIXA O MEU BENZINHO EM PAZ
CRIÔ LÊ LÊ
CRIÔ LÊ LÊ LÁ LÁ
CRIÔ LÊ LÊ
NÃO SOU EU QUE CAIO LÁ

(Da tradição popular.)

11. COPIE O POEMA, EMPREGANDO LETRAS MAIÚSCULAS E MINÚSCULAS. NO INÍCIO DE CADA VERSO, USE A LETRA MAIÚSCULA.

_____
_____
_____
_____
_____
_____
_____
_____

12 NA CANTIGA, HÁ DUAS PALAVRAS QUE COMEÇAM COM AS MESMAS LETRAS DE **CACHORRINHO**. ESCREVA-AS:

13 REESCREVA O VERSO ABAIXO, EMPREGANDO APENAS LETRAS MAIÚSCULAS.

> Deixa o meu benzinho em paz

14 ASSOCIE AS FIGURAS ÀS PALAVRAS:

PANDEIRO	vela
VELA	boneca
BONECA	pandeiro

15 LIGUE AS PALAVRAS IGUAIS:

PEQUENA	felicidade
COMEÇO	cinema
PONTA	palmadas
ALEGRE	pequena
PALMADAS	livro
FELICIDADE	ponta
LIVRO	começo
CINEMA	alegre

CAPÍTULO 3 – A LETRA CURSIVA

LEIA ESTE POEMA COM O AUXÍLIO DE UM ADULTO:

GUARDA

Há um GUARDA
que GUARDA-CHUVA.
Há um GUARDA
que GUARDA-SOL.

O GUARDA
de minha rua
guarda, aguarda e agrada.
E é um ANJO DA GUARDA
das crianças.

(Elias José. *Pequeno dicionário poético-humorístico ilustrado.* São Paulo: Paulinas, 2006. p. 40.)

1. O guarda da rua **guarda**, **aguarda** e **agrada**. Ligue cada uma das palavras destacadas ao seu **sinônimo**, isto é, à palavra que tem sentido semelhante:

guarda	espera
aguarda	protege
agrada	contenta

2 O poema fala de três tipos de guarda. Associe os tipos de guarda às figuras:

guarda •   •

guarda-chuva •   •

guarda-sol •   •

Leia a cantiga a seguir.

Bidu

Vem cá, Bidu!

Vem cá, Bidu!

Vem cá, vem cá, vem cá.

Não vou lá, não vou lá, não vou lá

Tenho medo de apanhar!

(Da tradição popular.)

3 Ligue as palavras iguais, mas escritas em letra de fôrma e em letra cursiva, como no exemplo.

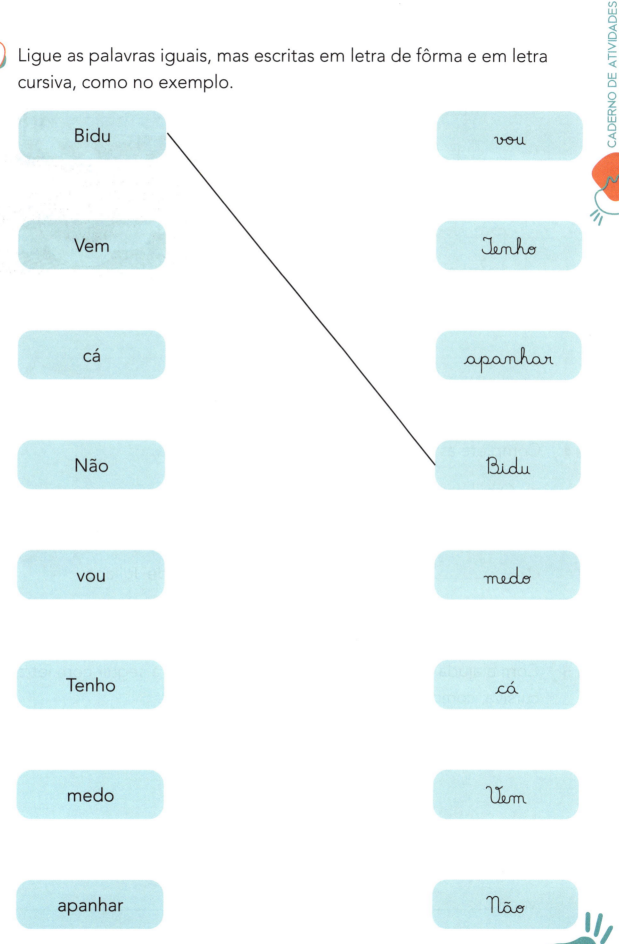

Agora, leia este bilhete:

> Mãe,
>
> Hoje eu vou trazer a Talita pra almoçar em casa. Dá pra você fazer brigadeiro de sobremesa pra gente?
>
> Beijos,
>
> Juliana

4 Complete as frases a seguir usando letra cursiva.

a) O bilhete foi escrito por _____.

b) O bilhete é para a _____ de Juliana.

c) _____ vai almoçar na casa de Juliana.

d) Juliana pede à mãe que faça _____.

5 Com a ajuda de um adulto, escreva as palavras a seguir com letra cursiva, como no exemplo:

hoje _____   sobremesa _____

eu _____   Beijos _____

você _____   Juliana _____

84

6 Marque um X na palavra que **não** corresponde à figura:

○ casa
○ cama

○ briguento
○ brigadeiro

○ coco
○ bolo

7 Leia o poema a seguir. Se necessário, peça ajuda a um adulto.

M-I-N-Ú-S-C-U-L-A

minúscula

MINÚSCULA
é uma palavra de salto alto,
enorme, imponente,
se estica, olha pra cima
e ri e zomba
da minúscula
palavra ENORME.

(Elias José. *Pequeno dicionário poético-humorístico ilustrado.* São Paulo: Paulinas, 2006. p. 62.)

8 No poema, duas palavras estão escritas em letras de fôrma maiúsculas. Escreva-as.

☐ ☐

9 Circule a palavra que é igual à palavra MINÚSCULA, mas escrita em letras diferentes:

ENORME minúscula imponente

10 Compare as palavras:

MINÚSCULA ENORME

a) Quantas letras tem a palavra **MINÚSCULA**?

☐

b) Quantas letras tem a palavra **ENORME**?

☐

c) Qual palavra é maior?

☐

d) Conclua: Por que a palavra **MINÚSCULA** zomba da palavra **ENORME**?

○ Porque a palavra ENORME é menor que a palavra MINÚSCULA, pois tem apenas 6 letras.

○ Porque a palavra ENORME é maior que a palavra MINÚSCULA, pois tem 6 letras.

11 Complete o quadro com as letras cursivas que faltam:

12 Ligue as palavras iguais, mas escritas em letras diferentes:

MINÚSCULA	salto	palavra
PALAVRA	estica	salto
SALTO	minúscula	estica
ESTICA	palavra	minúscula

13 Escreva com letras cursivas estas palavras:

enorme

zomba

palavra

minúscula

14 Associe as palavras que podem ser consideradas sinônimas:

Longe	Rápido
Devagar	Velho
Veloz	Afastado
Antigo	Maluco
Doido	Lento

15 Escreva o antônimo das palavras a seguir:

não   ensolarado

pequeno   fraco

alto   bom